# The Fer de Lance
# La Terciopelo

**Julie M. Ray**

Maps & cover/Mapas & cubierta: **Patty Ruback** ● Line drawings/ Dibujos de líneas: **Shannon Bowley** ● Spanish/Español: **Mayra Oyervides** ● Photos/Fotos: **Team Snake Panama**

A Team Snake Panama Book (Number 1)

A Team Snake Panama Book (Number 1)

ISBN: 1523937238

ISBN-13: 978-1523937233

## DEDICATION / DEDICACIÓN

This book is for all of the kids who live with the Fer de Lance and all of the little scientists who like snakes.

Este libro es para todos los niños que viven con la Terciopelo y todos los pequeños científicos que les gustan las serpientes.

The tropical forests in the Americas are home to a venomous snake called the **Fer de Lance**. The Fer de Lance is a viper that is called **Terciopelo** (ter-cee-o-pay-lo) and **Equis** (A-keys) in Spanish. Their scientific name is *Bothrops asper*.

A cloud forest in central Panama. / Una bosque nuboso en la región central de Panamá.

Los bosques tropicales de las Américas son el hogar de una serpiente venenosa llamada la **Fer de Lance**. La Fer de Lance es una víbora que se llama **Terciopelo** y **Equis** en español. Su nombre científico es *Bothrops asper*.

Fer de Lances have white **X**'s on their backs. Their backs are brown, black, and white. This can make them very difficult to see in leaves. Their scales are very rough. They can grow up to about 2 meters (6 feet) long.

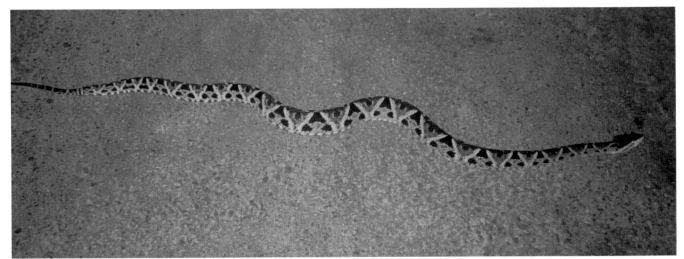

An adult Fer de Lance with the obvious white X's on its back. /
Una Terciopelo adulta con la marca obvia en forma de una X blanca en su espalda.

Equis tiene una **X** blanca en su espaldas. La espalda es de color marrón, negro y blanco. Esto puede hacer que sean muy difíciles de ver en las hojas. Sus escalas son muy ásperas. Pueden crecer hasta unos 2 metros (6 pies) de largo.

Fer de Lances have triangular heads and elliptical pupils. However, harmless snakes may have some or all of these traits. Fer de Lances have rough scales while "harmless snakes" and boas have shiny scales.

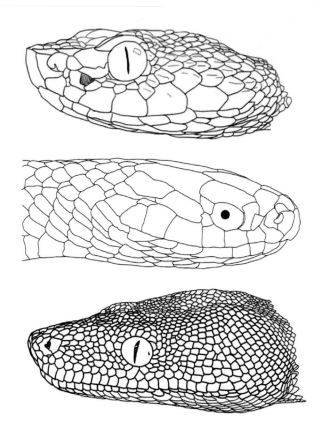

The Fer de Lance with small, rough scales on the head / La Terciopelo tiene escamas pequeñas ásperas en la cabeza.

A harmless snake (*Erythrolamprus mimus*) has large shiny scales on the head. / Esta inofensiva serpiente (*Erythrolamprus mimus*) tiene grandes escamas brillantes en la cabeza.

The Common Boa (*Boa imperator*) has tiny, shiny scales on the head. / La Boa Común (*Boa imperator*) tiene diminutas escamas brillantes en la cabeza.

Terciopelos tienen cabezas triangulares y las pupilas de los ojos en forma elíptica. Sin embargo, las serpientes inofensivas pueden tener algunos o todos estos rasgos. Terciopelos tienen escalas ásperas mientras "serpientes inofensivas" y boas tienen escamas brillantes.

Snakes that look like a Fer de Lance, include Boas, Cat-eyed Snakes, and some other harmless snakes with similar coloration.

A Common or Red-tailed Boa (*Boa imperator*) with shiny scales and many small scales on the head. /
Boa Común o Boa de Cola Roja (*Boa imperator*) con muchas escamas brillantes y pequeñas en la cabeza.

Cat-eyed Snake (*Leptodeira annulata*) with shiny scales and large scales on top of the head. /
Ojos de Gato (*Leptodeira annulata*) con escamas brillantes y grande en la parte superior de la cabeza

Serpientes que tienen apariencia de Terciopelo incluyen las Boas, Ojos de gato, y algunas otras serpientes inofensivas con coloración similar.

Fer de Lances are found from Mexico through Latin America into northern South America. The snake is pretty common where it is found but habitat destruction and human killings are leading to declines.

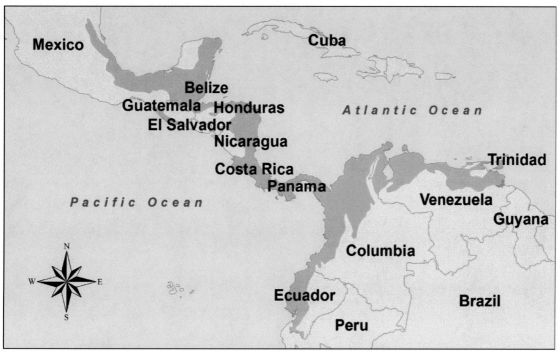

Map showing the range of the Fer de Lance in orange. /
Mapa que muestra el rango de la Terciopelo en naranja.

Terciopelos se encuentran desde México a través de América Latina hacia el norte de América del Sur. La serpiente es bastante común donde se encuentra, pero la destrucción del hábitat y matanzas humanas están provocando descensos en sus poblaciones.

Fer de Lances live in all different habitats. They live in rainforests, near shallow streams, by agricultural fields, and in cut grass. They will sit up in trees and swim in the water. They are even found near or in houses!

A Fer de Lance sitting in the middle of a stream in a cloud forest in Panama. /
Una Terciopelo situada en medio de la corriente en un bosque nublado en Panamá.

Terciopelos viven en todos los hábitats diferentes. Viven en bosques tropicales, cerca de quebradas poco profundas, en los campos agrícolas, y en la grama cortada. Estarán sentados en los árboles o nadando en el agua, e incluso aveces se encuentran cerca o dentro de hogares!

They often sit in a coiled position with their head up. This is because they are sit-and-wait predators. They usually do not actively crawl around and look for food, but wait for it to come near enough to strike.

A Fer de Lance in the sit-and-wait position. /
Una Terciopelo en su posicion depredadora de emboscada

A menudo se colocan en una posicion enrollada con su cabeza hacia arriba. Esto se debe a que son depredadores de emboscada. Tipicamente no casan activamente en busca de sus presas, en vez esperan que la presa este suficientemente cerca para atacarla.

Fer de Lances eat a variety of prey. They eat frogs, lizards, mice and rats, opossums, and rabbits. As babies (called neonates) or juveniles they will even eat large insects. They use their venom to kill their prey so they can eat it.

Adult Fer de Lance eat frogs while juveniles will eat large insects. /
Terciopelos adultas comen ranas, mientras los juveniles/neonatos comen insectos grandes

Las Terciopelos comen una variedad de presas. Comen ranas, lagartijas, ratones y ratas, tlacuaches, y conejos. Incluso, los bebés (llamados neonatos) o juveniles, consumen insectos grandes. Las Terciopelo usan su veneno para reprimir y matar a sus presas, y asi poder consumirla.

Predators of Fer de Lance include other snakes and raptors. Smaller Fer de Lance may be eaten by skunks, coatis and small hawks.

Birds like raptors and other snakes like Mussaranas (*Clelia clelia*) will eat a Fer de Lance. / Aves como halcones y otras serpientes como Mussaranas (*Clelia clelia*) tambien son depredadores de las Terciopelos.

Los depredadores de las Terciopelo incluyen otras serpientes y halcones. Las Terciopelo más pequeñas pueden servir de alimento para las mofetas, pizotes y pequeños halcones.

Venomous snakes only use their venom as a defensive tactic when they are threatened. They do not like to bite natural predators or humans for protection, or they will not have venom to hunt with until their body produces more.

A young Fer de Lance in a position to strike. / Una joven Terciopelo en posicion de emboscada.

Las serpientes venenosas sólo utilizan su veneno como una táctica defensiva cuando persiben una amenaza. No les gusta morder los depredadores naturales o humanos para protegerse o entonces no tendran veneno para casar hasta que su cuerpo produzca más.

Fer de Lances give live birth to their babies; they do not lay eggs. They usually reproduce in the rainy season and the babies are born about 6 months later. A large female can have up to 86 babies! It is estimated that they live between 15 and 20 years in the wild.

Juvenile male Fer de Lance have a yellow tail tip, which turns dark as adults. /
Los machos juveniles de las Tercipelo tienen la punta de cola amarilla, que oscurecerá cuando sean adultos.

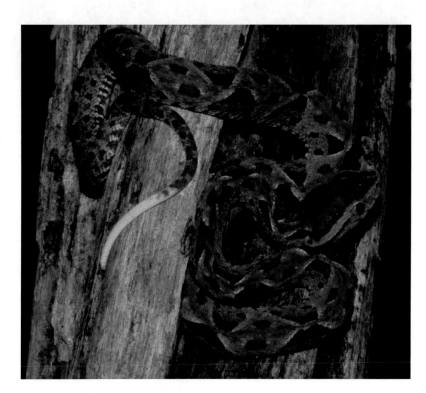

Terciopelos dan nacimiento vivo a sus bebés; ellos no ponen huevos. Generalmente se reproducen en la temporada de lluvias y los bebés nacen aproximadamente 6 meses más tarde. Una hembra grande puede tener hasta 86 bebés! Se estima que viven entre 15 y 20 años en el bosque.

Fer de Lances are very important in nature because they eat rodents, which can destroy crops or carry diseases.

An adult Fer de Lance well camouflaged on the ground. /
Una Terciopelo adulta bien camuflada en el suelo.

Terciopelos son muy importantes en la naturaleza porque comen roedores, que pueden destruir las cosechas o transmitir enfermedades.

However, Fer de Lances bite more humans than any other snake in their range. Often 80-90% of bites to humans in Latin America are by Fer de Lance.

A bite by a Fer de Lance should be treated by a doctor at a hospital as soon as possible. / Una mordedura por un Terciopelo debe ser tratada por un médico en un hospital tan pronto como sea posible.

Sin embargo, las Terciopelo son responsables por la mayor cantidad de mordeduras a los seres humanos que cualquier otra serpiente en su rango. A menudo, el 80-90% de las mordeduras de seres humanos en América Latina son por las Terciopelo.

If you see a Fer de Lance, you should move away slowly and tell an adult right away. Do **NOT** try to touch the snake, even with a stick. It is always best to leave the snake alone; trying to kill the snake is dangerous and causes an important animal to die.

A juvenile male Fer de Lance well camouflaged in the leaves. /
Un macho juvenil Terciopelo bien camuflado en las hojas

Si ves una Terciopelo, debes alejarte lentamente y avisarle a un adulto enseguida. **NO** intentes tocar la serpiente, incluso con un palo. Siempre es mejor alejarse de la serpiente; tratando de matarla es peligroso y resultaria en la muerte de un animal importante.

If you are bitten or think you were bitten by a Fer de Lance, always go to the hospital. The sooner you get to the hospital the better the treatment will be for venomous snake bites.

Fer de Lances can be found in most habitats so you always must be careful when walking in the forest or even around your yard. / Terciopelos, pueden encontrarse en la mayoría de los hábitats por lo que siempre se debe tener cuidado al caminar en el bosque o incluso alrededor de tu jardín.

Si obtuviste una mordedura o piensas que fuiste mordido por una Terciopelo, siempre hay que ir al hospital. Llegar en cuanto antes al hospital resulta en el mejor tratamiento de la mordedura por una serpiente venenosa.

Remember, the Fer de Lance does not want to bite you but might if it feels threatened. Getting too close, cornering them, or poking at them causes them to strike. Fer de Lances, like all snakes, are important animals in nature. Please do not kill them!

Snakes need your help! Please help protect snakes all over the world! /
Las serpientes necesitan tu ayuda! Por favor, ayuda a proteger las serpientes en todo el mundo!

Recuerda, la Terciopelo no quiere morder pero podría suceder si se siente amenazada. Acercarse demasiado, acapararlas, o punzarlas puede provocar un contra-ataque. Terciopelos, como todas las serpientes, son animales importantes en la naturaleza. Por favor no las mates!

# ABOUT THE AUTHOR / ACERCA DEL AUTOR

Dr. Julie Ray began studying animals when she was a young child in Wisconsin. Her interest in herpetology, or the study of amphibians and reptiles, led her to study these amazing animals in Panama. It was there that she had many encounters with Fer de Lances, sometimes right in her own house! Julie continues to devote her life to the conservation of snakes, and helping people reduce snake bites in Panama.

La Dra. Julie Ray comenzó a estudiar los animales cuando era niña en Wisconsin. Su interés en herpetología, o el estudio de anfibios y reptiles, la llevó a estudiar estos increíbles animales en Panamá. Fue allí que ella tuvo muchos encuentros con Terciopelos, en ocasiones en su propia casa! Julie sigue dedicando su vida a la conservación de las serpientes, y en ayudar a las personas a reducir las mordeduras de serpiente en Panamá.

www.teamsnakepanama.weebly.com

teamsnakepanama@gmail.com

# ACKNOWLEDGEMENTS / AGRADECIMIENTOS

Photos for this book were contributed by Leslie Brinkman (pg. 5, 8), Ernest Minnema (pg. 13, 14, 16, 18, 19), Kevin Enge (cover, 6, 15), Alan Savitzky (pg. 8), Leslie Polizoti (pg. 11, 17), Andrew Hein (pg. 12), and Joseph and Jonathan Lautenbach (pg. 13). Drawing (pg. 20) was made by Saige Ruback. Map was made using the ESRI Conservation Program Grant for ArcGIS for Desktop.

Las fotos de este libro fueron aportados por Leslie Brinkman (pg. 5, 8), Ernest Minnema (pg. 13, 14, 16, 18, 19), Kevin Enge (cubierta, 6,15), Alan Savitzky (pg. 8), Leslie Polizoti (pg. 11, 17), Andrew Hein (pg. 12), y Joseph y Jonathan Lautenbach (pg. 13). El dibujo (pg. 20) fue realizado por Saige Ruback. Mapa fue realizado mediante el ESRI Conservation Program Grant for ArcGIS for Desktop.

**ESRI** Technology
**CONSERVATION**

Made in the USA
Monee, IL
19 August 2024

63443207R00017